escuela - sakola 2
viaje - lalampahan 5
transporte - transportasi 8
ciudad - kota 10
paisaje - pamandangan 14
restaurante - restoran 17
supermercado - supermarkét 20
bebidas - inuman 22
comida - dahareun 23
granja - pertanian 27
casa - imah 31
sala - rohang tamu 33
cocina - dapur 35
cuarto de baño - kamar ibak 38
habitación de los niños - kamar budak 42
ropa - acuk 44
oficina - kantor 49
economía - ékonomi 51
oficios - pagawéan 53
herramientas - alat 56
instrumentos musicales - alat musik 57
zoo - kebon binatang 59
deportes - olahraga 62
actividades - aktivitas 63
familia - kulawarga 67
cuerpo - awak 68
hospital - rumah sakit 72
urgencia - darurat 76
tierra - Bumi 77
hora(s) - jam 79
semana - minggu 80
año - taun 81
formas - bentuk 83
colores - warna-warna 84
opuestos - sabalikna 85
números - angka-angka 88
idiomas - basa-basa 90
quién / qué / cómo - saha / naon / kumaha 91
dónde - di mana 92

Impressum
Verlag: BABADADA GmbH, Nedderfeld 112 , 22529 Hamburg
Geschäftsführer / Verlagsleitung: Harald Hof
Druck: Books on Demand GmbH, In de Tarpen 42, 22848 Norderstedt

Imprint
Publisher: BABADADA GmbH, Nedderfeld 112 , 22529 Hamburg, Germany
Managing Director / Publishing direction: Harald Hof
Print: Books on Demand GmbH, In de Tarpen 42, 22848 Norderstedt

escuela
sakola

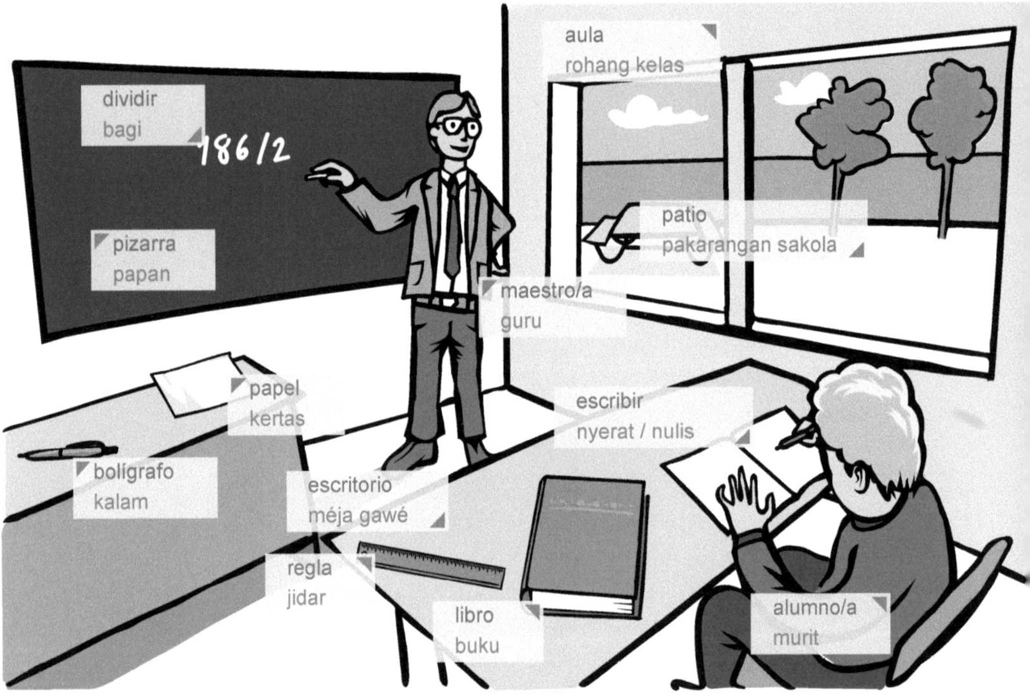

aula
rohang kelas
dividir
bagi
186/2
patio
pakarangan sakola
pizarra
papan
maestro/a
guru
papel
kertas
escribir
nyerat / nulis
bolígrafo
kalam
escritorio
méja gawé
regla
jidar
libro
buku
alumno/a
murit

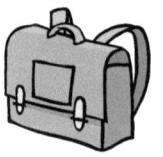

cartera
tas sakola

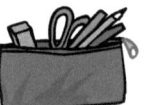

caja de lápices
wadah potlot

lápiz
potlot

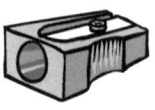

sacapuntas
rautan potlot

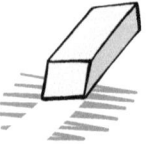

goma de borrar
pamupus

cuaderno de dibujo
kertas gambar

dibujo
gambar

pincel
kuas cét

caja de pinturas
kotak cét

tijeras
gunting

pegamento
lém

cuaderno de ejercicios
buku latihan

deberes
péér

12

número
angka

2+2

sumar
nambahkeun

5-2

restar
kurang

2×2

multiplicar
kali

calcular
ngitung

A

letra
surat

ABCDEFG HIJKLMN OPQRSTU VWXYZ

alfabeto
alpabét

palabra
kecap

texto

téks

leer

maca

tiza

kapur

lección

palajaran

cuaderno de notas

daptar

examen

ujian

certificado

sértipikat

uniforme escolar

saragam sakola

educación

atikan

enciclopedia

énsiklopédi

universidad

univérsitas

microscopio

mikroskop

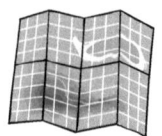

mapa

peta

papelera

wadah runtah

viaje

lalampahan

hotel
hotél
Grand
albergue
hostél
ROOMS
EXCHANGE
oficina de cambio de divisas
kantor pertukaran mata uang
maleta
koper
coche
mobil

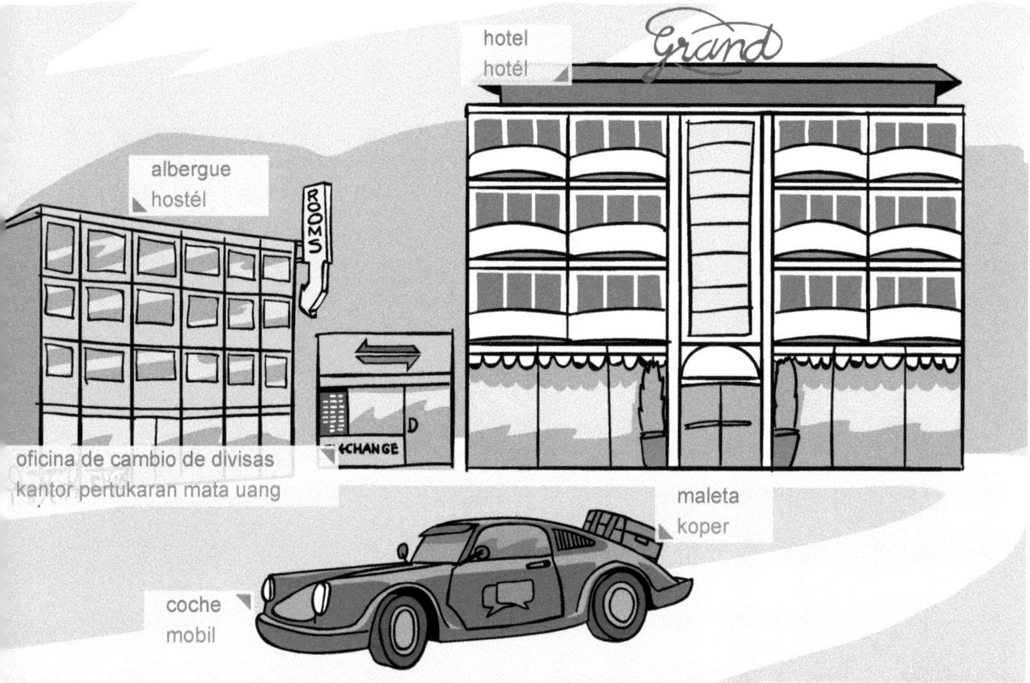

idioma

basa

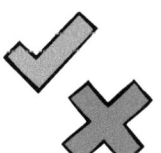

sí / no

muhun / henteu

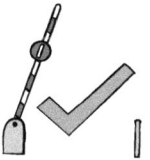

Vale

oké

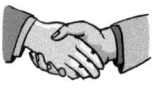

hola

hei

traductor

panarjamah

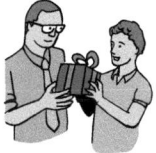

Gracias

hatur nuhun

¿cuánto es...?

sabaraha hargana...?

No entiendo

abdi teu ngartos

problema

masalah

¡Buenas tardes!

Wilujeng wengi!

¡Buenos días!

Wilujeng siang!

¡Buenas noches!

Wilujeng wengi!

adiós

mugi patepang deui

dirección

arah

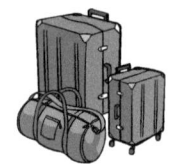

equipaje

bagasi

bolsa

kantong

mochila

ransel

invitado

tamu

habitación

rohang

saco de dormir

kantong saré

tienda de campaña

tenda

información turística

informasi wisata

playa

pantai

tarjeta de crédito

kartu krédit

desayuno

sarapan

almuerzo

dahar beurang

cena

dahar peuting

billete

tikét

ascensor

lift

sello

perangko

frontera

wates

aduana

cukai

embajada

kedutaan

visa

visa

pasaporte

paspor

transporte
transportasi

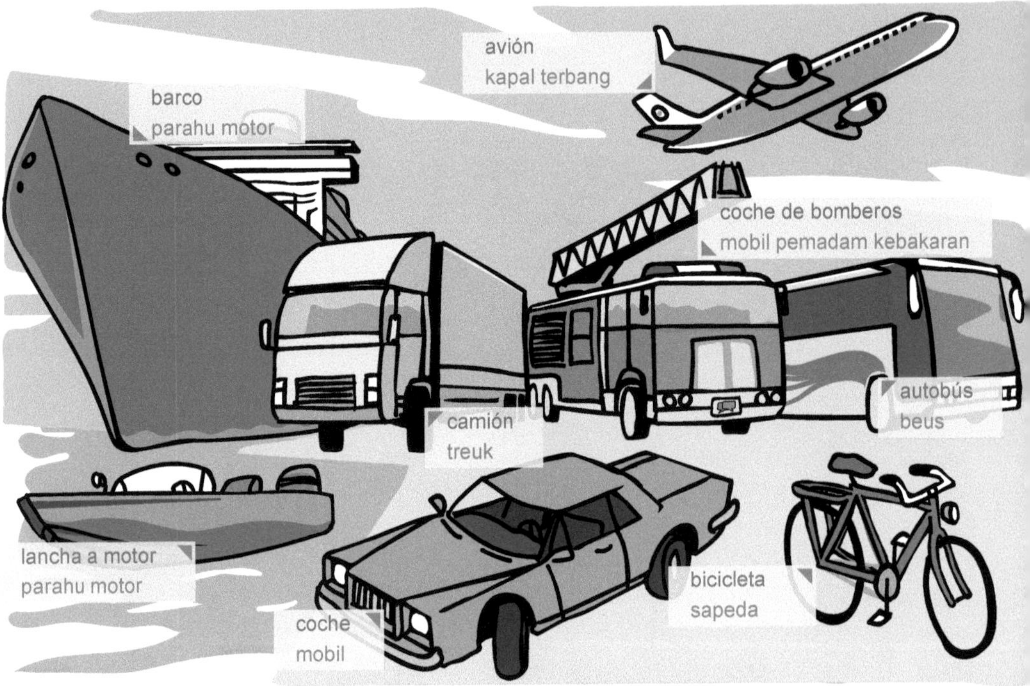

avión
kapal terbang
barco
parahu motor
coche de bomberos
mobil pemadam kebakaran
autobús
beus
camión
treuk
lancha a motor
parahu motor
bicicleta
sapeda
coche
mobil

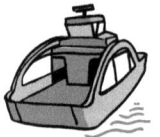

transbordador

kapal féri

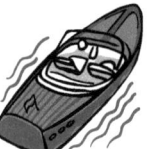

barca

parahu

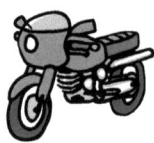

moto

sapeda motor

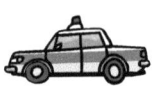

coche de policía

mobil pulisi

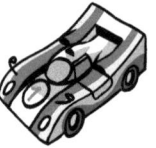

coche de carreras

mobil balap

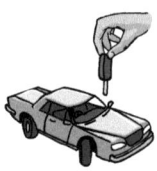

coche de alquiler

mobil nyéwa

préstamo de vehículos

mobil babarengan

grúa

treuk dérék

camión de la basura

treuk runtah

motor

motor

gasolina

bahan bakar

gasolinera

bénsin

señal de tráfico

tanda lalulintas

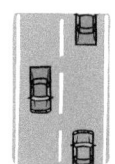

tráfico

lalulintas

atasco

macét

aparcamiento

parkir mobil

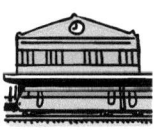

estación de tren

stasiun karéta

vías

trék

tren

karéta api

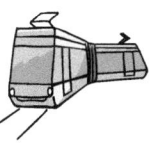

tranvía

tram

vagón

garobag

helicóptero

hélikopter

aeropuerto

bandara

torre

munara

pasajero

panumpang

contenedor

konténer

caja de cartón

karton

carretilla

troli

cesta

karanjang

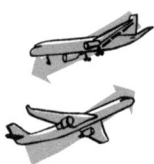

despegar / aterrizar

terbang / landas

ciudad
kota

pueblo

kampung

centro de ciudad

tengah kota

casa

imah

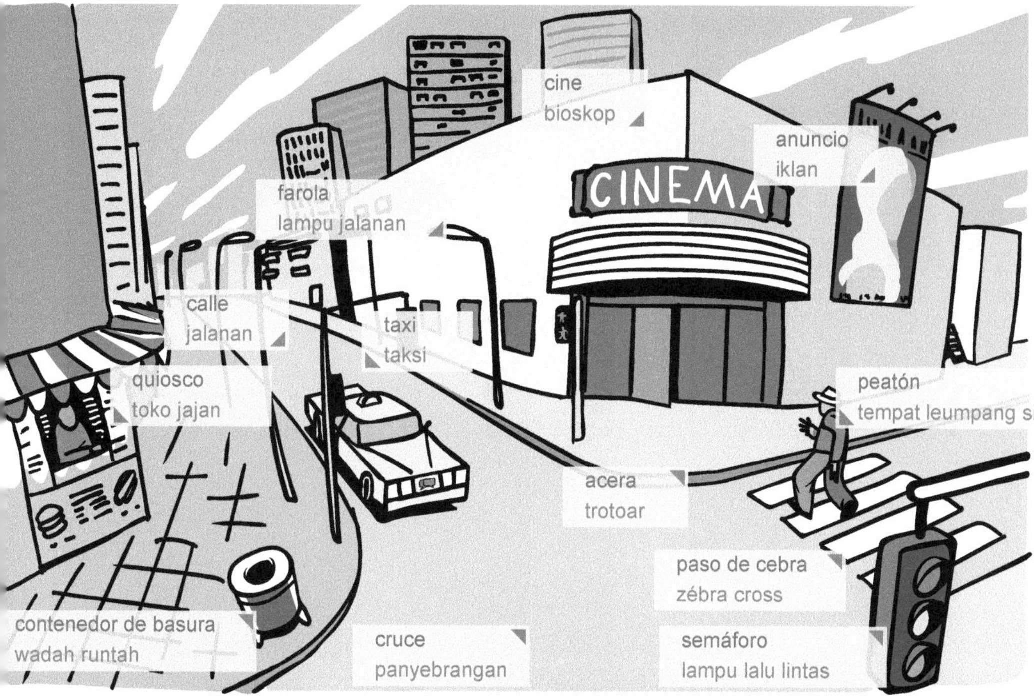

cine
bioskop

anuncio
iklan

farola
lampu jalanan

calle
jalanan

taxi
taksi

quiosco
toko jajan

peatón
tempat leumpang sisi

acera
trotoar

paso de cebra
zébra cross

contenedor de basura
wadah runtah

cruce
panyebrangan

semáforo
lampu lalu lintas

cabaña

gubuk

apartamento

imah flat

estación de tren

stasiun karéta

ayuntamiento

balai kota

museo

museum

escuela

sakola

universidad

univérsitas

banco

bank

hospital

rumah sakit

hotel

hotél

farmacia

farmasi

oficina

kantor

librería

toko buku

tienda

toko

floristería

toko kembang

supermercado

supermarkét

mercado

pasar

grandes almacenes

swalayan

pescadería

nalayan

centro comercial

pusat balanja

puerto

palabuan

parque

kebon

banco

korsi

puente

sasak

escaleras

tangga

metro

kareta bawah tanah

túnel

torowongan

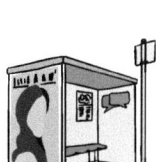

parada de autobús

halte beus

bar

bar

restaurante

restoran

buzón

kotak surat

poste indicador

tanda jalan

parquímetro

meteran parkir

zoo

kebon binatang

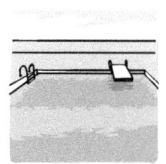

piscina

kolam renang

mezquita

masigit

granja
pertanian

contaminación
polusi

cementerio
kuburan

iglesia
gareja

patio de juego
tempat ulin

templo
pura

paisaje
pamandangan

hoja
daun

señal
panunjuk arah

camino
jalanan

prado
ladang jukut

piedra
batu

excursionista
tukang leumpang

árbol
tangkal

río
susukan

hierba
jukut

flor
kembang

valle
lengkob

colina
bukit

lago
tasik

bosque
leuweung

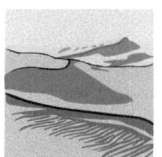

desierto
gurun

volcán
gunung marapi

castillo
karaton

arcoíris
katumbiri

champiñón
suung

palmera
tangkal palem

mosquito
reungit

mosca
laleur

hormiga
sireum

abeja
nyiruan

araña
lamat lancah

escarabajo
nyiruan

rana
bangkong

ardilla
bajing

erizo
landak

liebre
kalinci

lechuza
bueuk

pájaro
manuk

cisne
soang

jabalí
bagong

ciervo
kijang

alce
kijang

presa
bendungan

turbina eólica
turbin angin

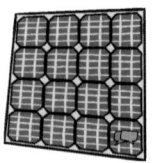

panel solar
panél surya

clima
iklim

restaurante
restoran

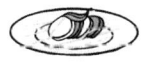

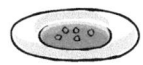

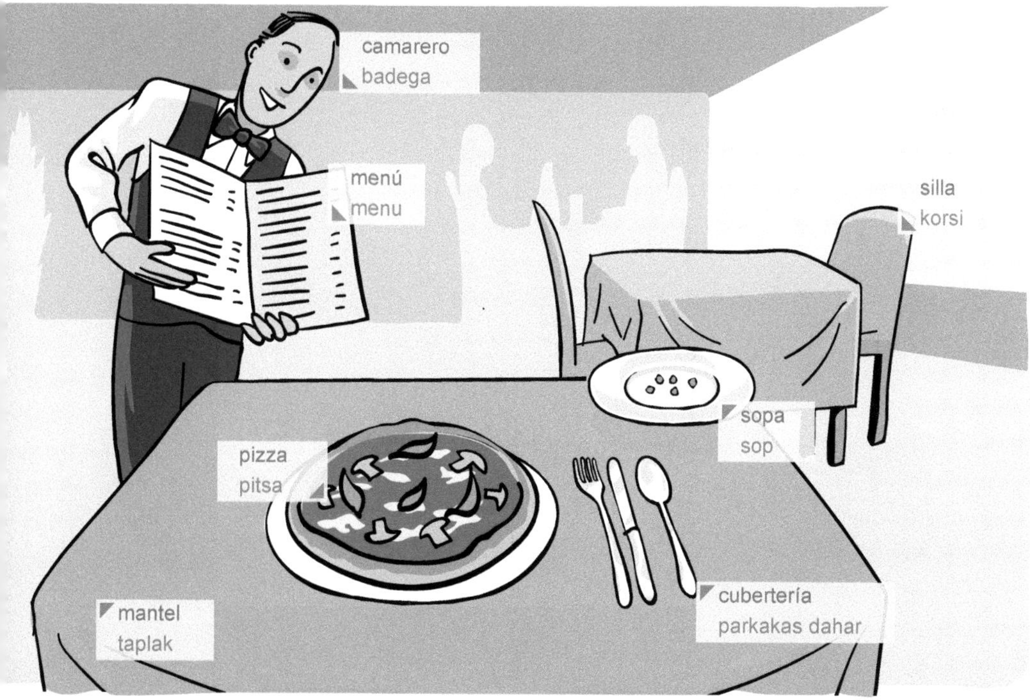
camarero
badega
menú
menu
silla
korsi
sopa
sop
pizza
pitsa
cubertería
parkakas dahar
mantel
taplak

primer plato

hidangan pembuka

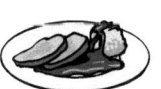

plato principal

hidapan utama

postre

hidangan penutup

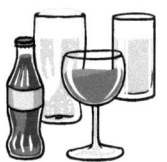

bebidas

inuman

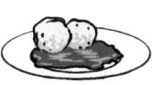

comida

dahareun

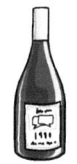

botella

botol

comida rápida

dahareun cepat saji

comida callejera

jajanan sisi jalan

tetera

téko téh

azucarero

wadah gula

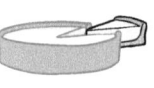

porción

porsi

cafetera expreso

mesin éspréso

trona

korsi jangkung

cuenta

tagihan

bandeja

baki

cuchillo

péso

tenedor

garpu

cuchara

séndok

cucharilla

séndok téh

servilleta

serbét

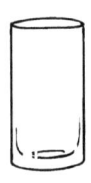

vaso

gelas

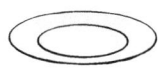

plato

piring

plato hondo

mangkok sop

platillo

pisin

salsa

saos

salero

wadah uyah

molinillo de pimienta

panggiling pedes

vinagre

cuka

aceite

minyak

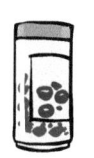

especias

bumbu

ketchup

saos tomat

mostaza

mustard

mayonesa

mayonés

supermercado
supermarkét

oferta especial
tawaran husus
FOR
cliente
klién
lácteos
produk susu
fruta
buah
carro de la compra
troli

BUTCHERS

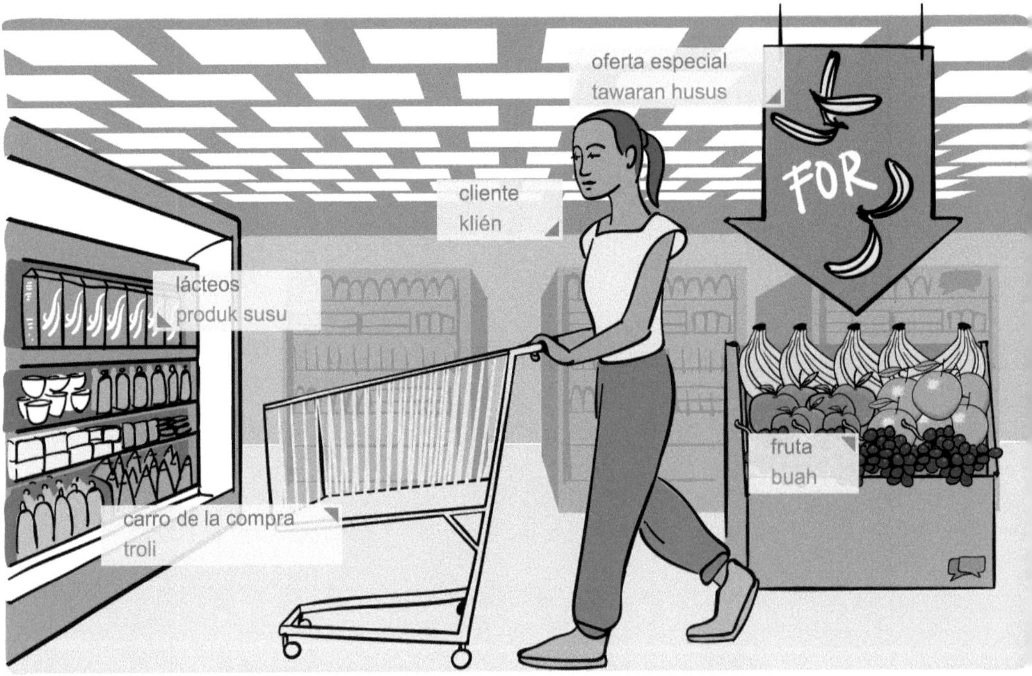

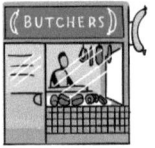

carnicería
....
tukang meuncit

BAKERY

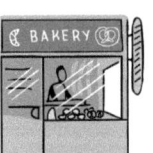

panadería
....
toko roti

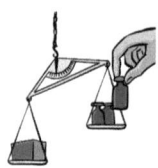

pesar
....
nimbang

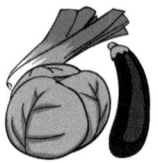

verduras
....
sayur

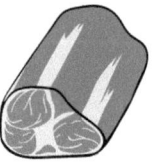

carne
....
daging

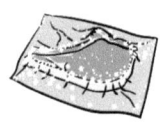

alimentos congelados
....
tuangeun beku

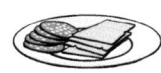

fiambres

alat potong daging

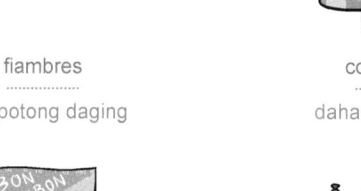

conservas

dahareun kaléng

detergente en polvo

sabun serbuk

dulces

permén

productos de uso doméstico

perkakas rumah tangga

productos de limpieza

produk pembersih

vendedora

tukang jualan

caja

kasa

cajero

kasir

lista de la compra

daftar balanja

horario de atención al
público

jam buka

cartera

dompét

tarjeta de crédito

kartu krédit

bolsa

kantong

bolsa de plástico

kantong palastik

agua

cai

zumo

jus

leche

susu

cola

kola

vino

anggur

cerveza

arak

alcohol

arak

cacao

coklat

té

téh

café

kopi

expreso

éspréso

capuchino

kapucino

plátano

pisang

manzana

apel

naranja

jeruk

melón

samangka

limón

lémon

zanahoria

wortel

ajo

bawang bodas

bambú

awi

cebolla

bawang bombai

champiñón

suung

avellanas

suuk

fideos

emih

espagueti

spagéti

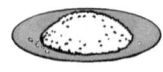

arroz

sangu

ensalada

salat

patatas fritas

kentang goréng

patatas fritas

kentang goréng

pizza

pitsa

hamburguesa

hamburger

sándwich

roti lapis

filete

sakeureut daging

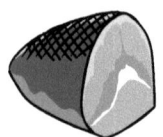

jamón

ham

salami

salami

salchicha

sosis

pollo

hayam

asado

ngagoreng

pescado

lauk

copos de avena

bubur gandum

muesli

séréal

copos de maíz

cornflakes

harina

tarigu

cruasán

croissant

panecillo

roti

pan

roti

tostada

roti panggang

galletas

biskuit

mantequilla

mantéga

cuajada

dadih

pastel

kuéh

huevo

endog

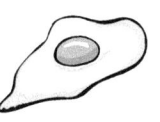

huevo frito

goréng endog

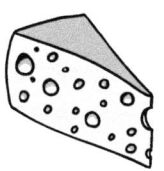

queso

keju

helado
eskrim

azúcar
gula

miel
madu

mermelada
selé

crema de turrón
krim coklat

curry
karé

granja
pertanian

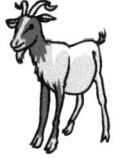

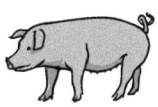

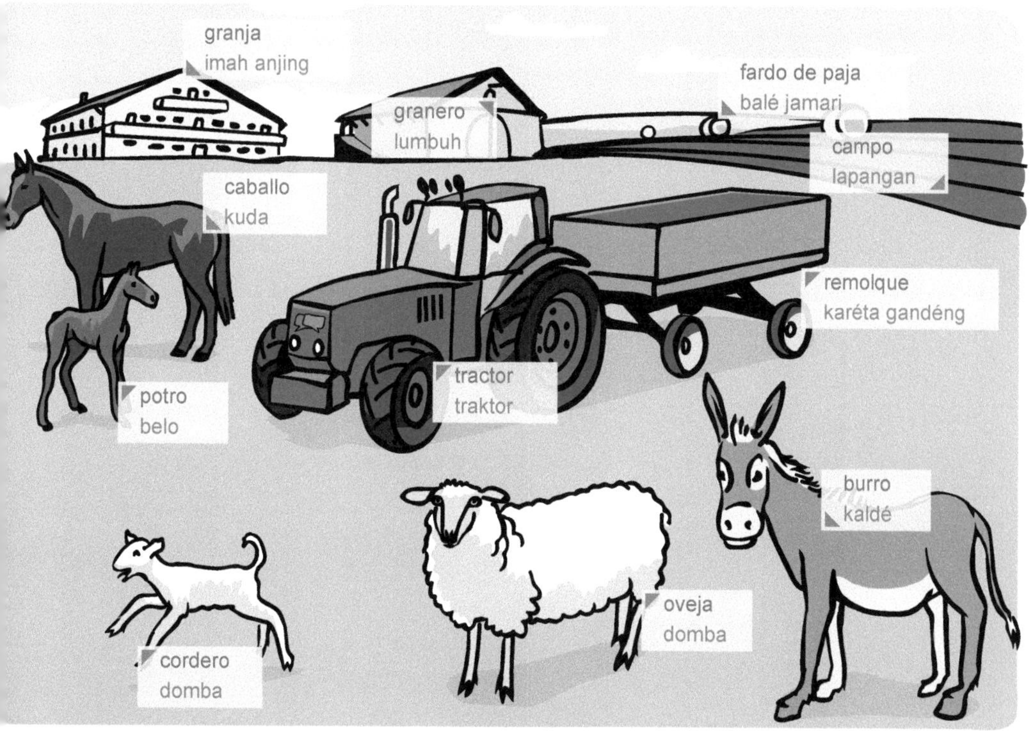
granja
imah anjing
granero
lumbuh
fardo de paja
balé jamari
campo
lapangan
caballo
kuda
remolque
karéta gandéng
tractor
traktor
potro
belo
burro
kaldé
oveja
domba
cordero
domba

cabra
embé

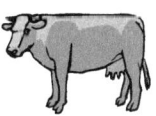

vaca
sapi

ternero
bitis

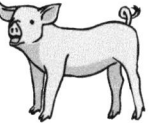

cerdo
bagong

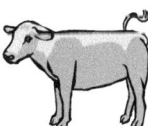

cerdito
babi

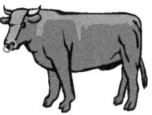

toro
banténg

ganso

soang

pato

éntog

pollo

pitik

gallina

hayam

gallo

hayam jago

rata

beurit

gato

ucing

ratón

beurit

buey

sapi

perro

anjing

perrera

imah anjing

manguera

selang

regadera

kaléng nyiram

guadaña

arit panjang

arado

ngabajak

hoz

arit

azada

pacul

horca

garpuh jukut

hacha

kapak

carretilla

gorobah

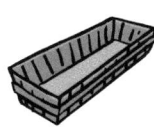

abrevadero

palung

lechera

kaléng susu

saco

karung

valla

pager

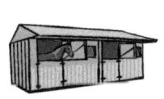

establo

kandang

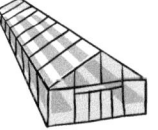

invernadero

imah kaca

suelo

taneuh

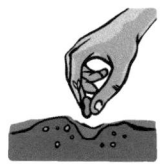

semilla

benih

fertilizador

pupuk

cosechadora

mesin permén

cosechar

panén

cosecha

panén

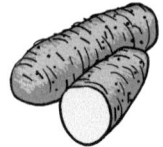

ñame

yams

trigo

gandum

soja

kedelé

patata

kentang

maíz

jagong

semilla de colza

lobak

árbol frutal

tangkal buah

mandioca

sampeu

cereales

séréal

casa
imah

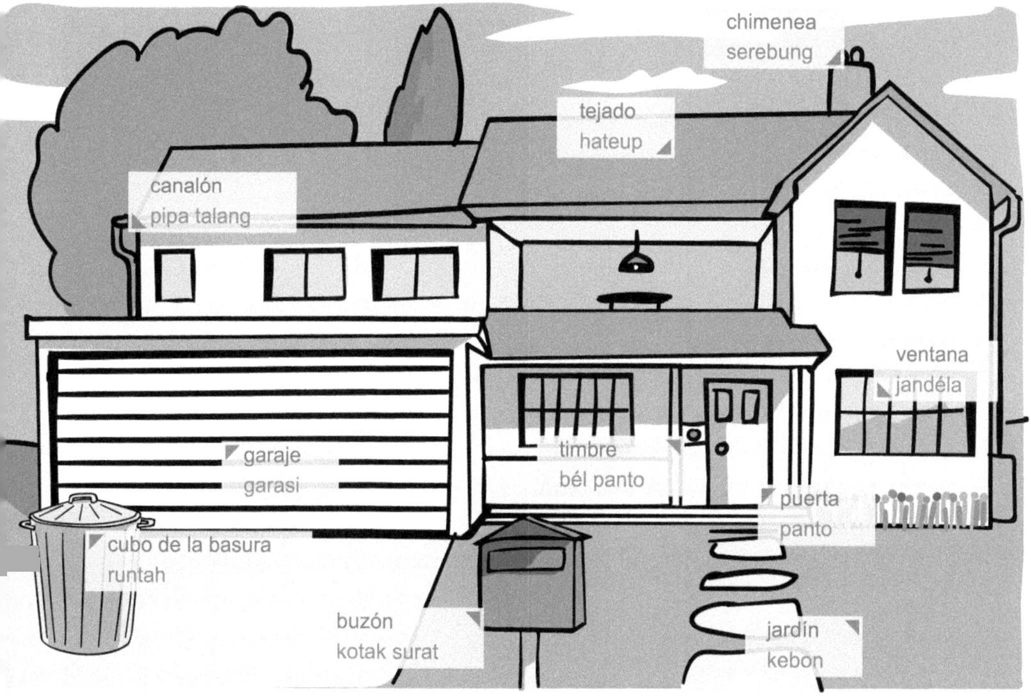
chimenea
serebung
tejado
hateup
canalón
pipa talang
ventana
jandéla
garaje
garasi
timbre
bél panto
puerta
panto
cubo de la basura
runtah
buzón
kotak surat
jardín
kebon

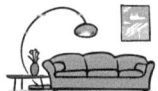

sala
rohang tamu

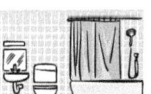

cuarto de baño
kamar ibak

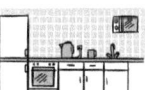

cocina
dapur

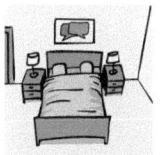

dormitorio
pangkéng

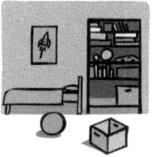

habitación de los niños
kamar budak

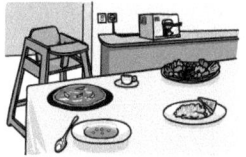

comedor
kamar makan

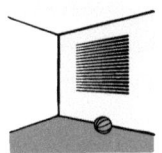

suelo

téhel

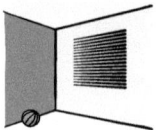

pared

tembok

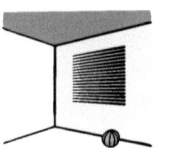

techo

hateup

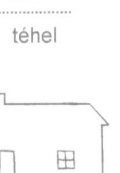

sótano

gudang di handap imah

sauna

sauna

balcón

balkon

terraza

tepas

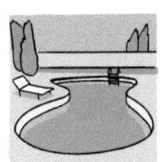

piscina

kolam renang

cortacésped

mesin pamotong jukut

sábana

sepré

colcha

simbut

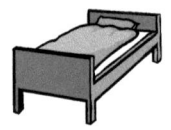

cama

ranjang

escoba

sapu

balde

émbér

interruptor

tombol

sala
rohang tamu

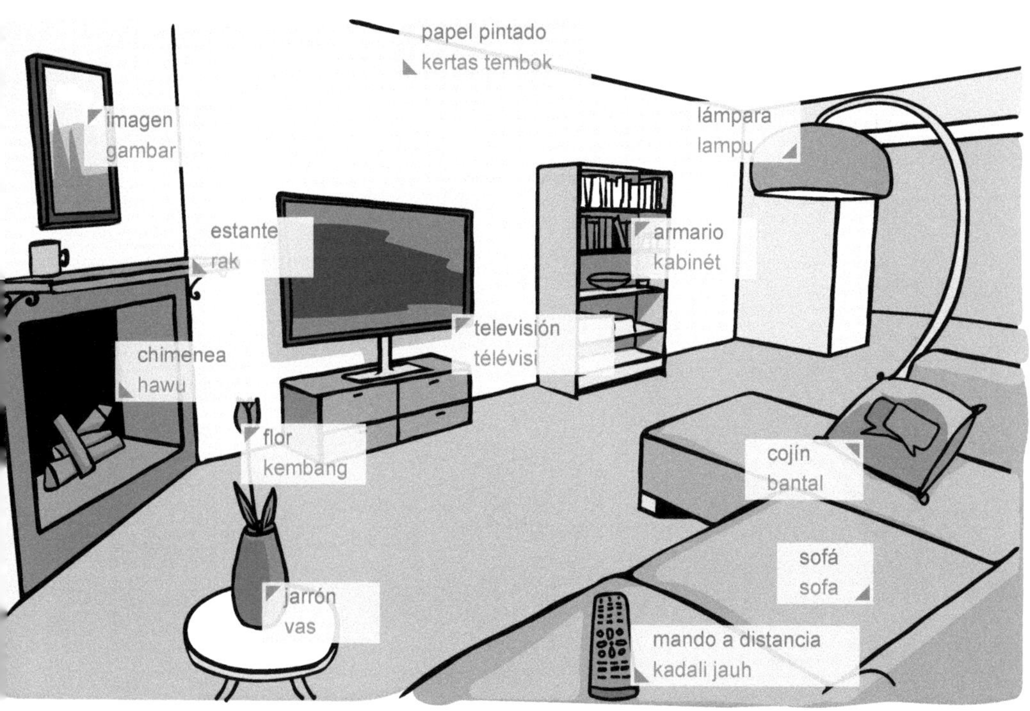

papel pintado
kertas tembok
imagen
gambar
lámpara
lampu
estante
rak
armario
kabinét
televisión
télévisi
chimenea
hawu
flor
kembang
cojín
bantal
sofá
sofa
jarrón
vas
mando a distancia
kadali jauh

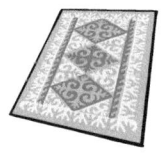

alfombra

karpét

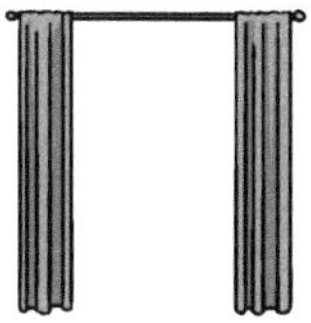

cortina

hordéng

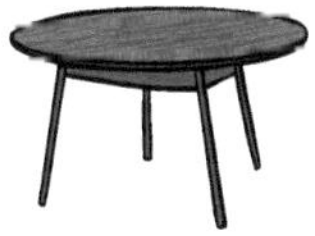

mesa

meja

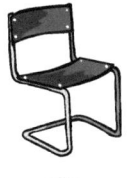

silla

korsi

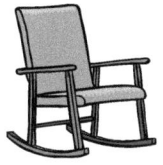

mecedora

korsi goyang

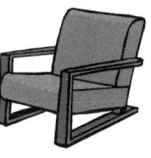

butaca

korsi malas

libro

buku

manta

simbut

decoración

dékorasi

leña

suluh

película

pilem

equipo de música

hi-fi

llave

konci

periódico

surat kabar

pintura

lukisan

póster

poster

radio

radio

cuaderno

buku tulis

aspiradora

panyedot kebul

cactus

kaktus

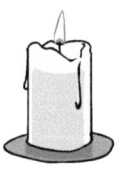

vela

lilin

cocina
dapur

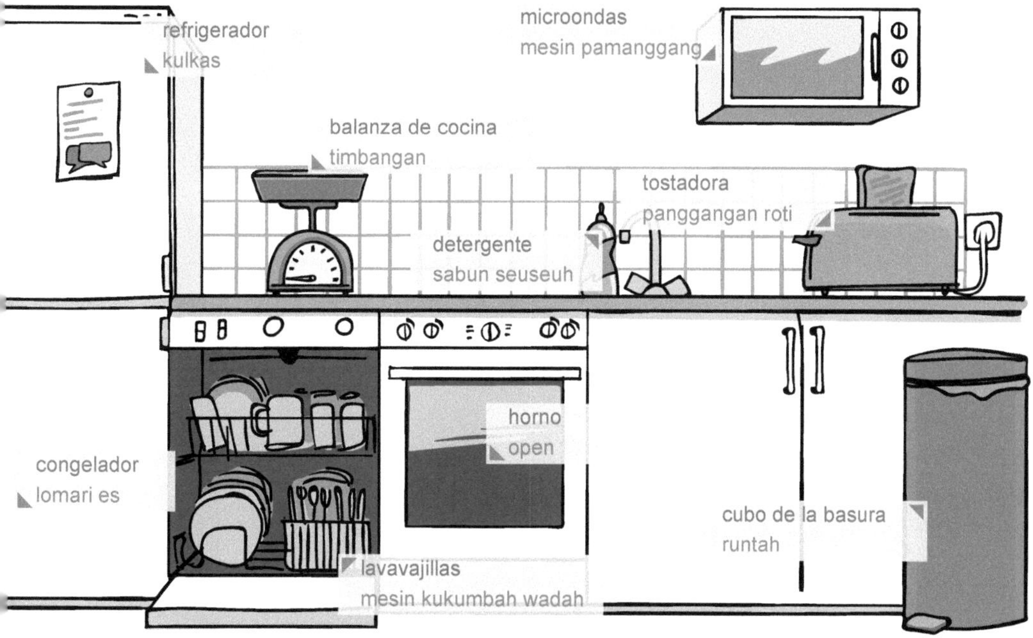
refrigerador
kulkas
microondas
mesin pamanggang
balanza de cocina
timbangan
tostadora
panggangan roti
detergente
sabun seuseuh
horno
open
congelador
lomari es
cubo de la basura
runtah
lavavajillas
mesin kukumbah wadah

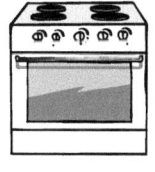

olla a presión
kompor

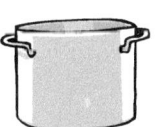

olla
panci

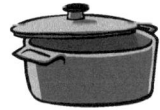

olla de hierro fundido
panci beusi

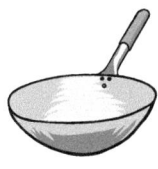

wok / karahi
katél

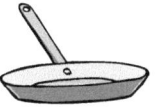

cazuela
panci

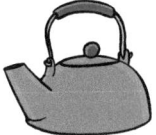

hervidor
citél

vaporera

langseng

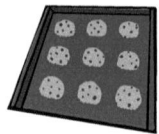

chapa de horno

baki

vajilla

piring

taza

cangkir

tazón

mangkok

palillos

sumpit

cucharón

sendok sop

espumadera

sérok

batidor

pangocok

colador

ayakan

cedazo

saringan

rallador

parutan

mortero

mortar

barbacoa

daging bakar

hoguera

suluh

cocina - dapur

tabla de picar

papan pamotong

rodillo

gilingan

sacacorchos

alat pambuka tutup botol

lata

kaléng

abrelatas

pambuka kaléng

agarrador

gagang panci

lavabo

tilelep

cepillo

sikat

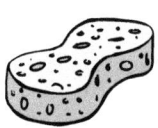

esponja

busa

batidora

blénder

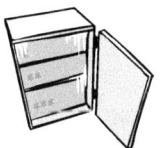

congelador

lomari es

biberón

botol orok

grifo

keran

cuarto de baño
kamar ibak

ducha
ibak
calefacción
mesin pamanas
toalla
anduk
cortina de la ducha
hordeng kamar ibak
baño de espuma
mandi busa
bañera
bak mandi
vaso
gelas
lavadora
mesin cuci
grifo
keran
baldosas
téhel
orinal
pispot
lavabo
tilelep

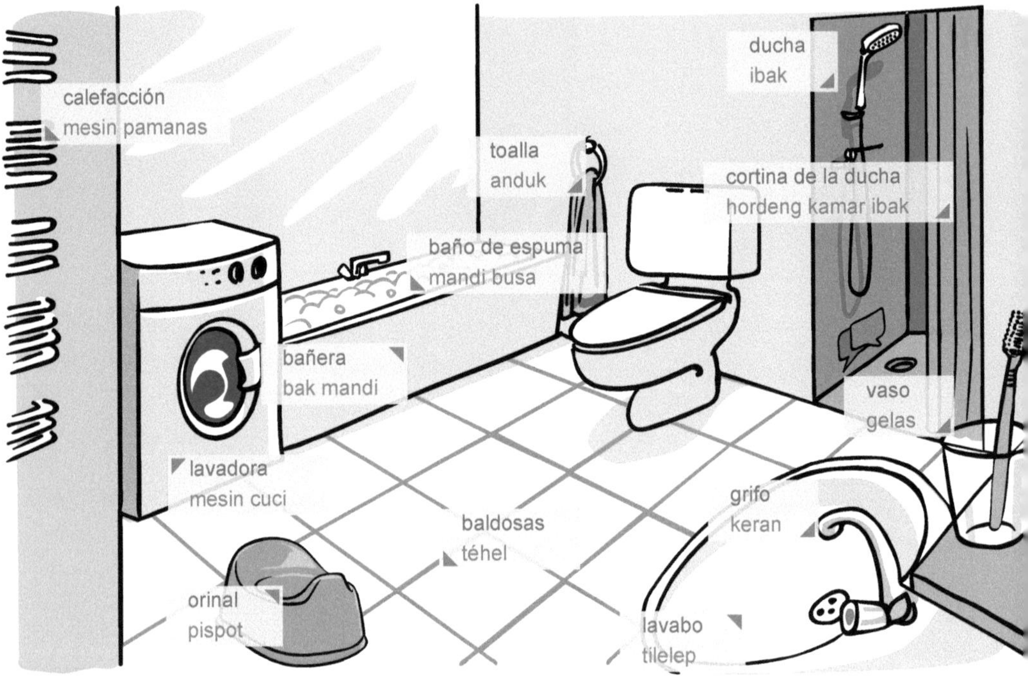

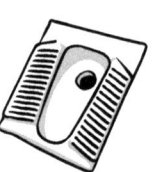

inodoro
jamban

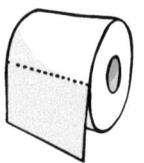

inodoro rústico
cubluk

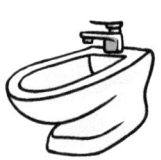

bidé
bidét

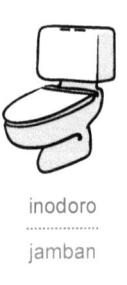

urinario
urinal

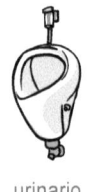

papel higiénico
kertas jamban

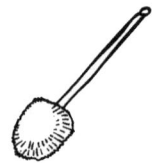

escobilla del váter
sikat jamban

cepillo de dientes

sikat huntu

pasta de dientes

odol

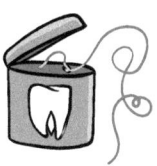

hilo dental

benang gigi

lavar

nyeuseuh

ducha de mano

kokocoran leungeun

ducha íntima

kukucuran

pila

bak

cepillo de espalda

panyikat tonggong

jabón

sabun

gel de ducha

gel ibak

champú

sampo

toallita

planél

desagüe

nguras

crema

krim

desodorante

déodoran

espejo

eunteung

espejo de tocador

eunteung leungeun

maquinilla de afeitar

péso cukur

espuma de afeitar

busa cukur

loción postafeitado

krim cukur

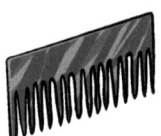

peine

sisir

cepillo

sikat

secador

alat panggaring rambut

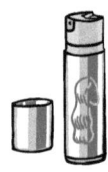

laca

semprotan rambut

maquillaje

pangrias beungeut

pintalabios

lipstik

pintauñas

cét kuku

algodón

kapas

cortauñas

gunting kuku

perfume

minyak seungit

estuche de viaje

kantong seuseuh

banqueta

bangku

balanza

timbangan

albornoz

baju mandi

guantes de goma

sarung tangan karét

tampón

sampon

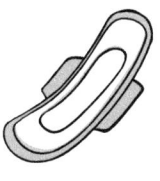

compresa

handuk pembalut

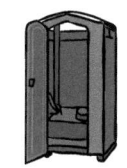

inodoro químico

jamban kimia

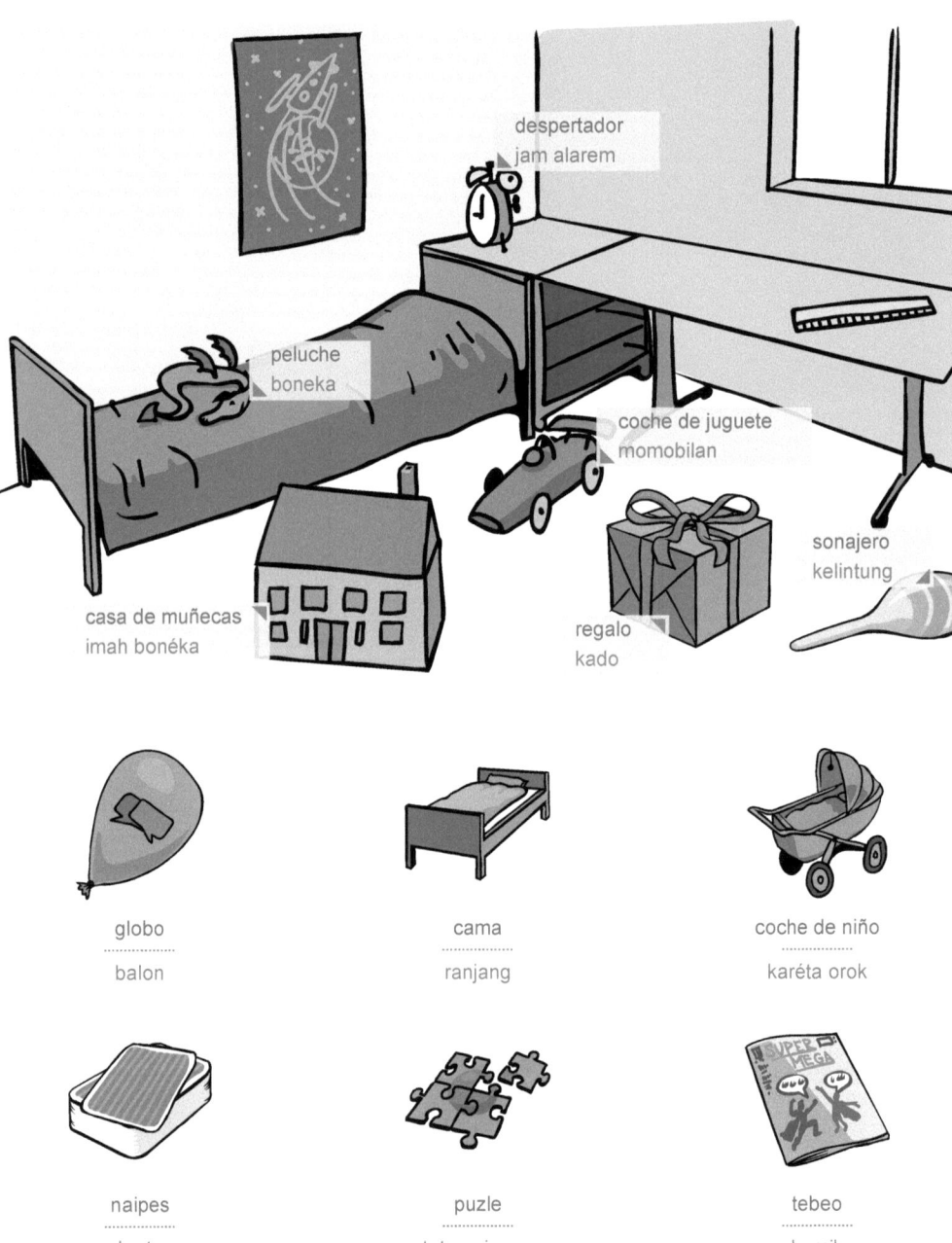

despertador
jam alarem

peluche
boneka

coche de juguete
momobilan

sonajero
kelintung

casa de muñecas
imah bonéka

regalo
kado

globo
balon

cama
ranjang

coche de niño
karéta orok

naipes
kartu

puzle
tatarucingan

tebeo
komik

piezas de lego
kaulinan lego

bloques de juguete
kaulinan bentuk blok

figura de acción
figur tokoh

bodi (de bebé)
baju budak

frisbee
frisbee

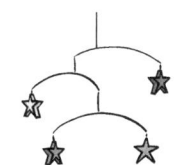

colgador móvil para bebés
mobile

juego de mesa
papan gim

dados
dadu

circuito de tren eléctrico

set model kareta api

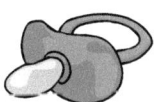

maniquí
endot

fiesta
pihak

álbum de fotos
buku gambar

pelota
bal

muñeca
bonéka

jugar
ulin

cajón de arena

wadah pasir maénan

columpio

ayunan

juguetes

kaulinan

videoconsola

video gim konsol

triciclo

sapedah roda tilu

oso de peluche

bonéka beruang

guardarropa

lomari baju

ropa
acuk

calcetines

kaos kaki

medias

kaos kaki

leotardos

baju ketat

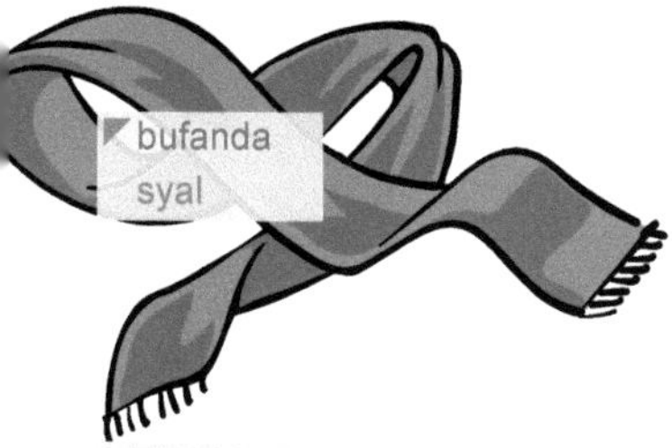

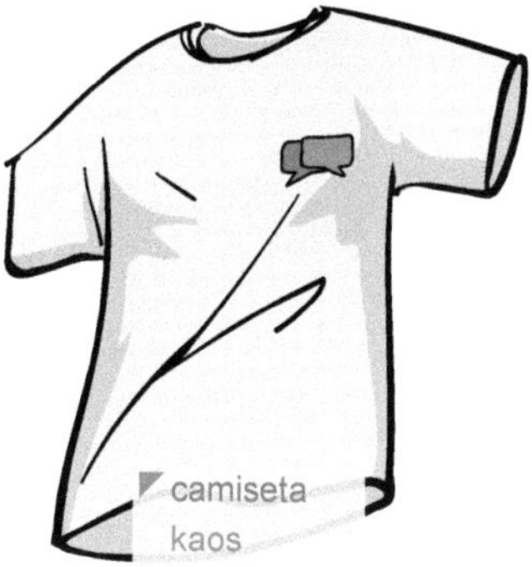

bufanda
syal

cinturón
beubeur

paraguas
payung

camiseta
kaos

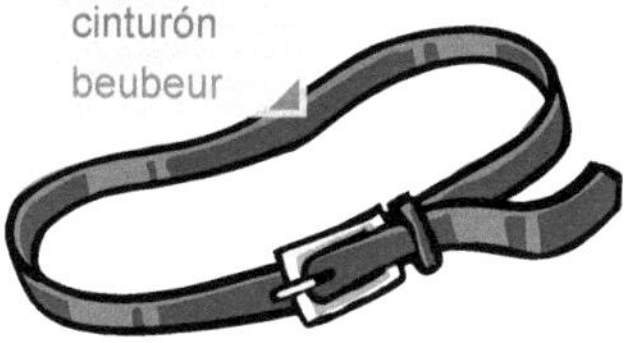

deportivas
sapatu

botas
sapatu bot

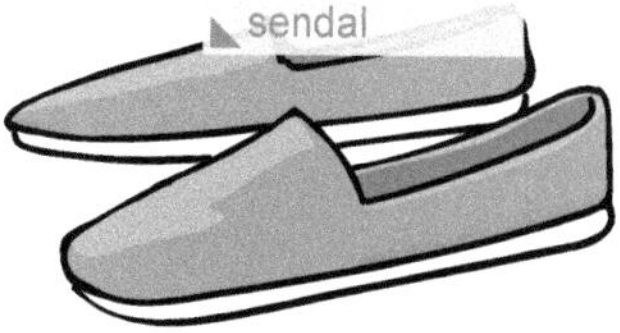

zapatillas
sendal

sandalias
sendal

zapatos
sapatu

botas de goma
sapatu bot karét

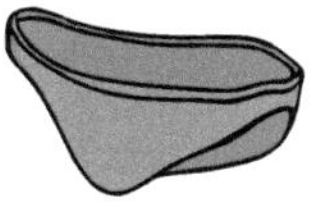

slip
cangcut

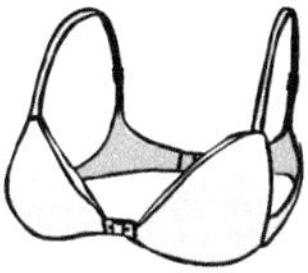

sostén
kutang

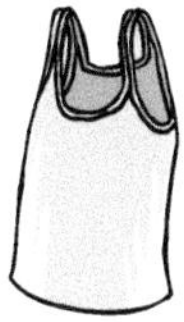

chaleco
baju rompi

bodi

awak

pantalones

calana

vaqueros

jins

falda

rok

blusa

blus

camisa

kaméja

jersey

jakét tiung

suéter

baju haneut

blazer

jakét

chaqueta

jakét

abrigo

jakét

gabardina

jas hujan

traje

kostum

vestido

gaun

vestido de novia

gaun pangantén

traje

baju resmi

camisón

baju saré

pijama

piyama

sari

sari

bandana

tiung

turbante

turban

burka

burka

caftán

kaftan

abaya

abaya

traje de baño

baju renang

bañador

calana renang

pantalones cortos

calana péndék

chándal

orang raga

delantal

celemék

guantes

sarung tangan

botón

kancing

gafas

kaca soca

brazalete

gelang

collar

kongkorong

anillo

ali

pendiente

giwang

gorra

topi

percha

gantungan jakét

sombrero

topi

corbata

dasi

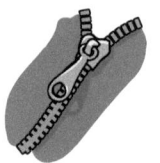

cremallera

risléting

casco

hélem

tirantes

tali salémpang

uniforme escolar

saragam sakola

uniforme

saragam

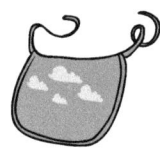

babero

apron orok

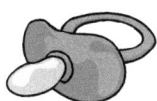

maniquí

endot

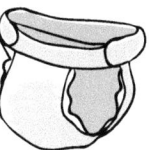

pañal

popok

oficina

kantor

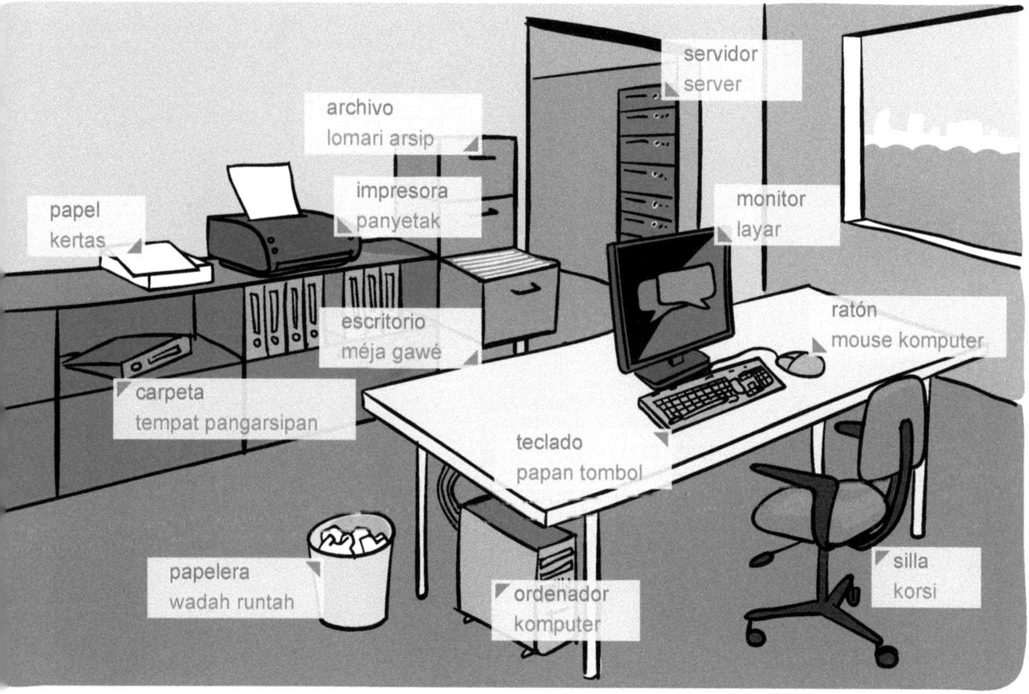

servidor
server
archivo
lomari arsip
impresora
panyetak
papel
kertas
monitor
layar
ratón
mouse komputer
escritorio
méja gawé
carpeta
tempat pangarsipan
teclado
papan tombol
papelera
wadah runtah
ordenador
komputer
silla
korsi

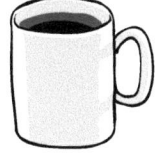

taza de café

cangkir kopi

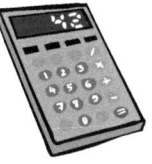

calculadora

kalkulator

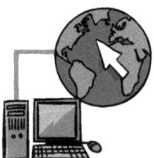

internet

internét

portátil

laptop

carta

surat

mensaje

pesen

móvil

telpon sélulér

red

jaringan

fotocopiadora

fotokopi

software

software

teléfono

telpon

toma de corriente

plug sokét

fax

mesin fax

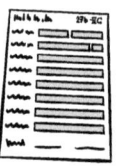

formulario

formulir

documento

dokumén

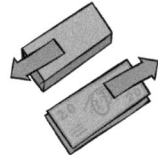

comprar

mésér

pagar

mayar

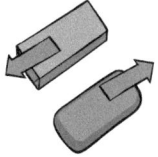

comerciar

dagang

dinero

artos

dólar

dollar

euro

euro

yen

yen

rublo

rubel

franco suizo

Franc swiss

renminbi yuan

renminbi yuan

rupia

rupiah

cajero automático

ATM

oficina de cambio de divisas
....
kantor pertukaran mata uang

oro
....
emas

plata
....
pérak

petróleo
....
minyak

energía
....
énérgi

precio
....
harga

contrato
....
kontrak

impuesto
....
pajak

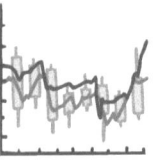

acción
....
saham

trabajar
....
gawé

empleado
....
karyawan

empleador
....
dunungan

fábrica
....
pabril

tienda
....
toko

oficios
pagawéan

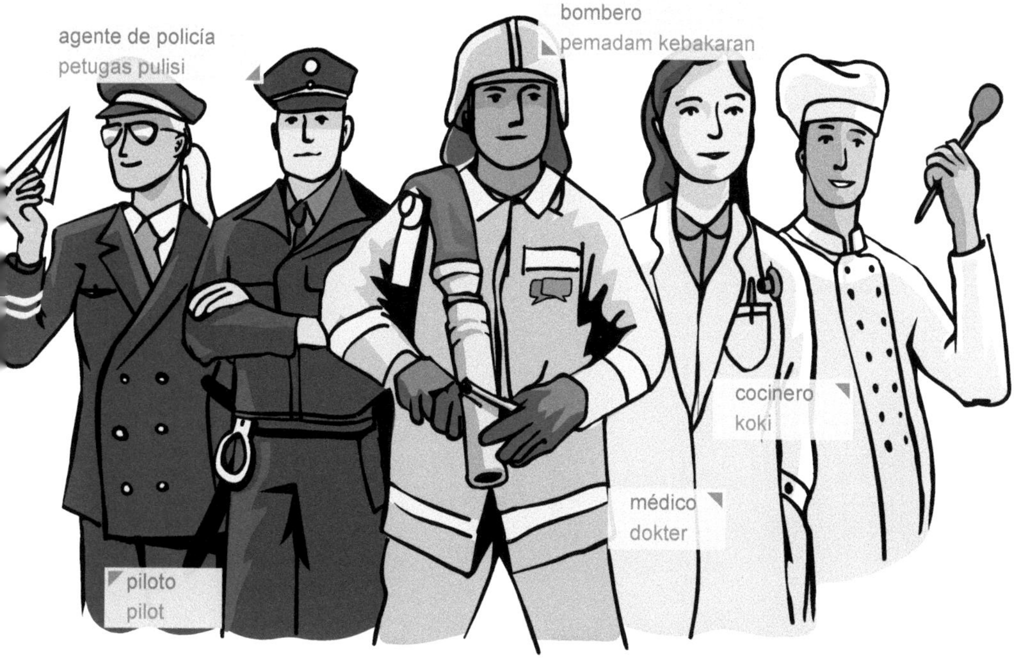

agente de policía
petugas pulisi
bombero
pemadam kebakaran
cocinero
koki
médico
dokter
piloto
pilot

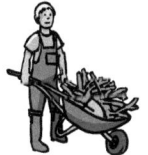

jardinero

tukan kebon

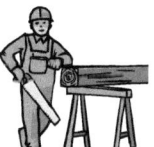

carpintero

tukang kai

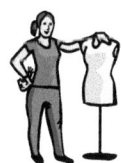

costurera

tukang jait awéwé

juez

hakim

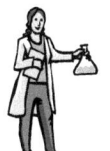

farmacéutico

ahli kimia

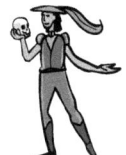

actor

aktor

conductor de autobús

sopir beus

taxista

sopir taksi

pescador

nalayan

señora de la limpieza

pembantu

techador

tukang hateup

camarero

badega

cazador

tukang muru

pintor

pelukis

panadero

tukang roti

electricista

tukang listrik

obrero

tukang bangun

ingeniero

insinyur

carnicero

tukang daging

fontanero

tukang pipa

cartero

tukang pos

soldado

tentara

arquitecto

arsiték

cajero

kasir

florista

tukang kembang

peluquero

tukang salon

revisor

konduktor

mecánico

tukang méngkél

capitán

kaptén

dentista

dokter gigi

científico

ilmuwan

rabino

rabbi

imán

imam

monje

biarawan

sacerdote

pendéta

herramientas
alat

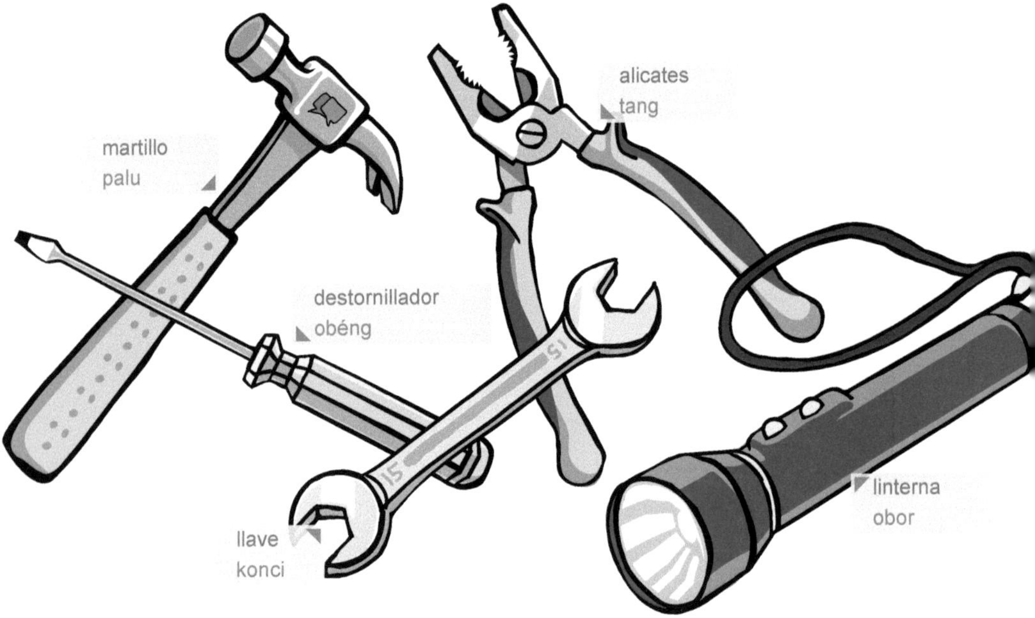
alicates
tang
martillo
palu
destornillador
obéng
llave
konci
linterna
obor

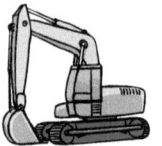

excavadora

panggali

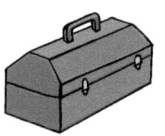

caja de herramientas

kantong parkakas

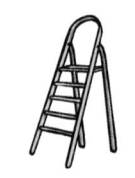

escalera de mano

tangga

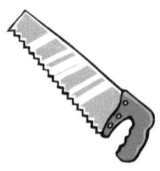

sierra

ragaji

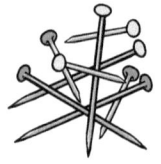

clavos

paku

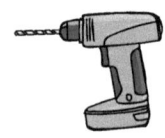

taladro

bor

reparar
ngabenerkeun

pala
sekop

¡Maldita sea!
Kéhéd!

recogedor
pengki

bote de pintura
pot cét

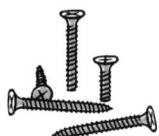

tornillos
sekrup bor

instrumentos musicales
alat musik

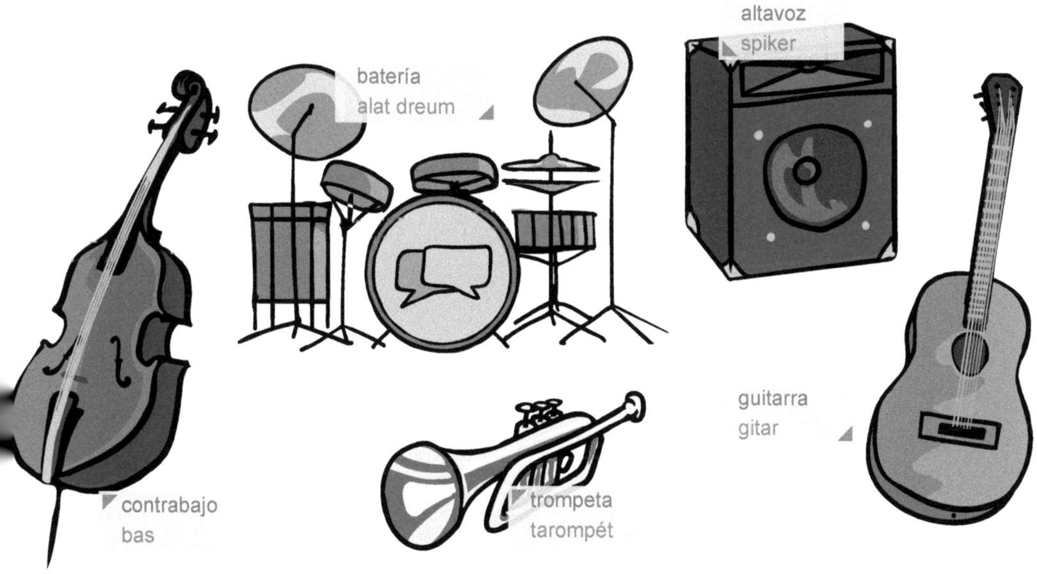

batería
alat dreum

altavoz
spiker

guitarra
gitar

contrabajo
bas

trompeta
tarompét

piano

piano

violín

violin

bajo

bas

timbales

tambur

tambor

dreum

teclado

keyboard

saxofón

saksofon

flauta

suling

micrófono

mikrofon

ZOO

kebon binatang

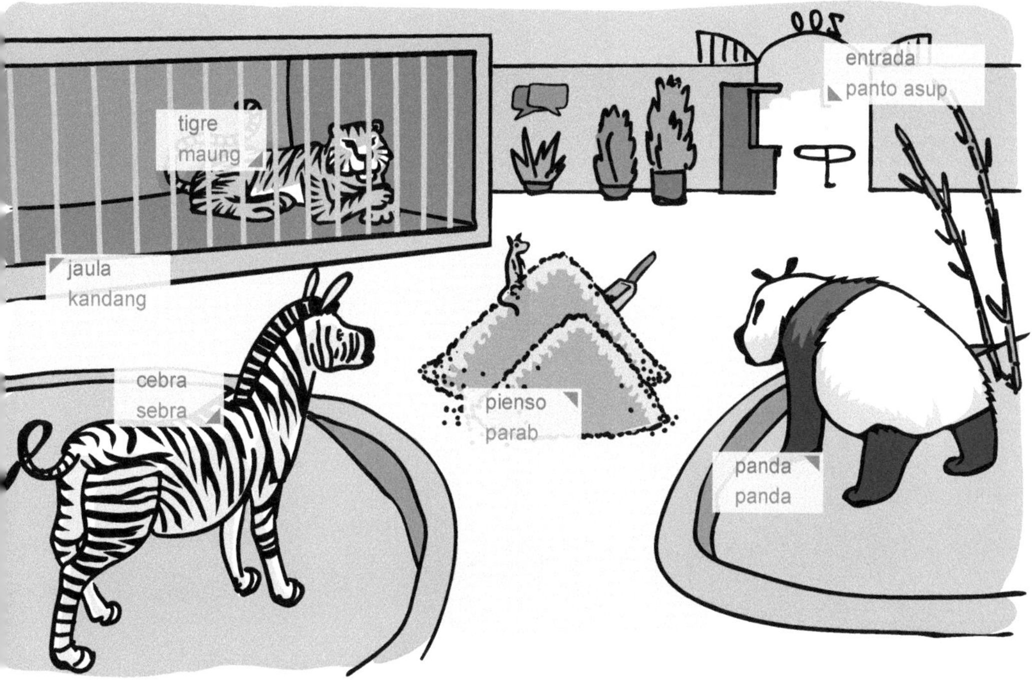

tigre
maung
entrada
panto asup
jaula
kandang
cebra
sebra
pienso
parab
panda
panda

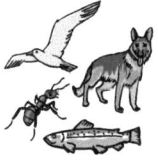

animales

sato

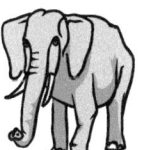

elefante

gajah

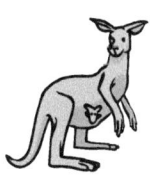

canguro

kanguru

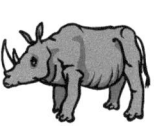

rinoceronte

badak

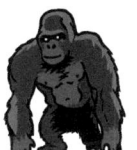

gorila

gorila

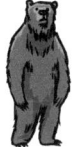

oso

biruang

camello

onta

avestruz

manuk onta

león

singa

mono

monyét

flamingo

flamingo

loro

manuk béo

oso polar

biruang polar

pingüino

penguin

tiburón

hiu

pavo real

merak

serpiente

oray

cocodrilo

buaya

guardián de zoológico

tukang jaga kebon binatang

foca

anjing laut

jaguar

jaguar

poni

kuda poni

leopardo

macan tutul

hipopótamo

kuda nil

jirafa

jerapah

águila

heulang

jabalí

bagong

pescado

lauk

tortuga

kuya

morsa

anjing laut

zorro

robah

gacela

kijang

fútbol americano
sepak bola Amérika

ciclismo
sasapédahan

tenis
ténis

baloncesto
baskét

natación
renang

hockey sobre hielo
hoki és

boxeo
tinju

fútbol
sépak bola

bádminton
badminton

atletismo
atletik

balonmano
bola tangan

esquí
ski

polo
polo

saltar
ngaganjleng

abrazar
nangkeup

reír
seuri

caminar
leumpang

cantar
nyanyi

soñar
ngimpén

rezar
ngadoa

besar
nyium

escribir
nyerat / nulis

dibujar
ngalukis

mostrar
ningalikeun

empujar
ngadorong

dar
méré

tomar
mawa

tener

boga

hacer

ngalakukeun

ser

nya éta

estar de pie

tatih

correr

lumpat

tirar

narik

tirar

malédog

caer

ragrag

yacer

saré

esperar

nungguan

llevar

nyandak

estar sentado

diuk

vestirse

anggé acuk

dormir

saré

despertar

hudang

mirar
ningali

llorar
méwék

acariciar
ngusapan

peinar
nyisir

hablar
nyarita

entender
ngarti

preguntar
naros

escuchar
ngadéngé

beber
nginum

comer
dahar

ordenar
bébérés

amar
bogoh

cocinar
masak

conducir
nyetir

volar
hiber

navegar

balayar

calcular

ngitung

leer

maca

aprender

diajar

trabajar

gawé

casarse

kawin

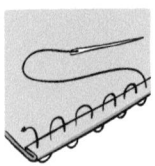

coser

ngajait

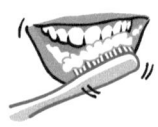

cepillarse los dientes

sikat huntu

matar

maéhan

fumar

ngarokok

enviar

ngirim

abuela
nini

abuelo
aki

padre
bapak

madre
emak

bebé
orok

hija
budak awéwé

hijo
budak lalaki

invitado
tamu

tía
bibi

tío
emang

hermano
aa

hermana
tétéh

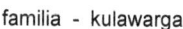

cuerpo

awak

frente
taar
ojo
panon
hombro
taktak
dedo
ramo
cara
beungeut
barbilla
gado
mano
leungeun
pierna
suku
pecho
dada
brazo
leungeun

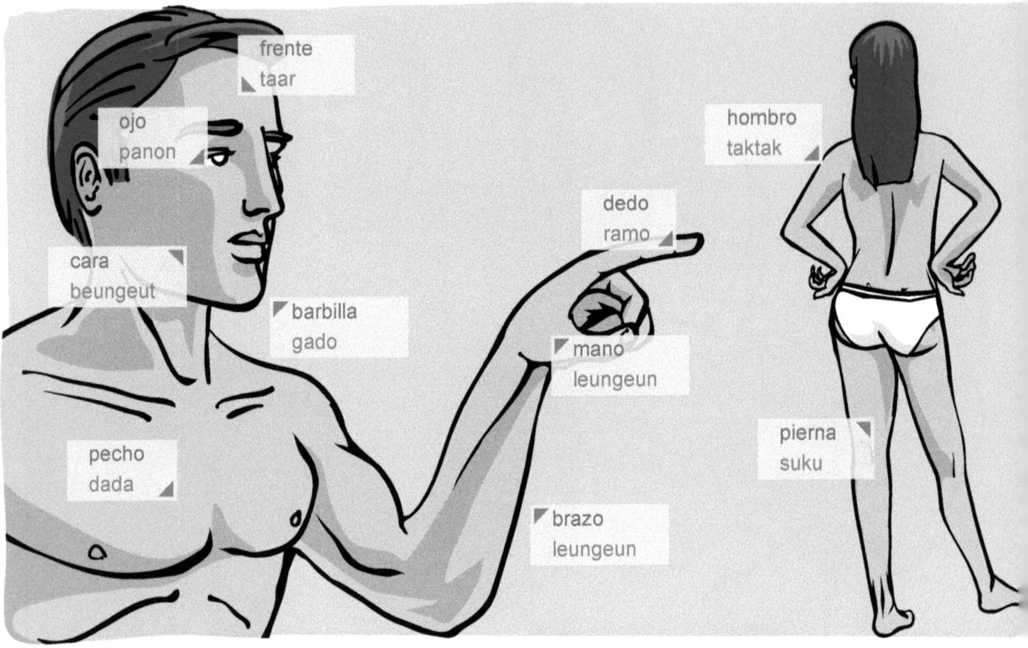

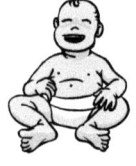

bebé

orok

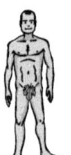

hombre

lalaki

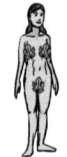

mujer

awéwé

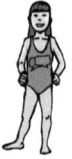

chica

awéwé

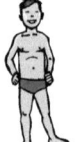

chico

lalaki

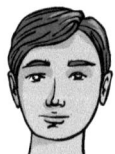

cabeza

sirah

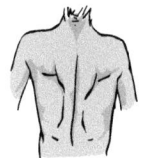

espalda

tonggong

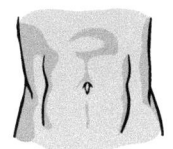

vientre

beuteung

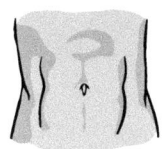

ombligo

bujal

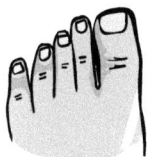

dedo del pie

jempol

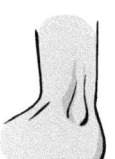

talón

keuneung

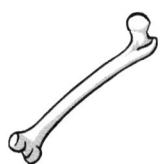

hueso

tulang

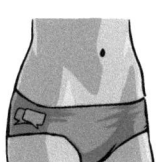

cadera

cangkéng

rodilla

tuur

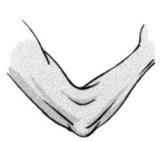

codo

sikut

nariz

irung

trasero

bujur

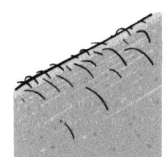

piel

kulit

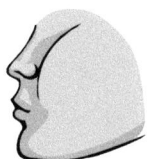

mejilla

pipi

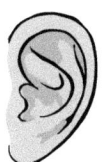

oído

ceuli

labio

biwir

cuerpo - awak

boca

baham

diente

huntu

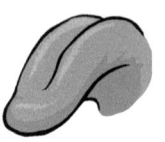

lengua

létah

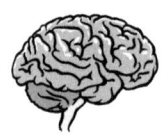

cerebro

uteuk

corazón

haté

músculo

otot

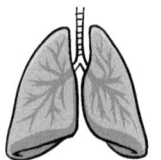

pulmón

bayah

hígado

ati

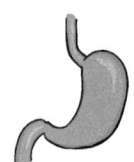

estómago

lambung

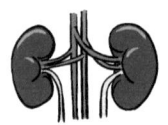

riñones

ginjal

sexo

sapatemon

condón

kondom

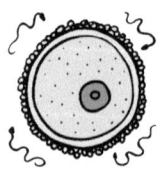

ovario

sél telur

semen

spérma

embarazo

kakandungan

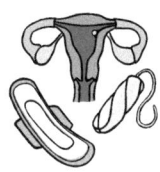

menstruación
haid

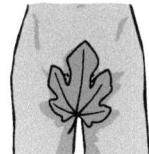

vagina
heunceut

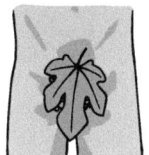

pene
sirit

ceja
halis

pelo
buuk

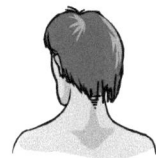

cuello
beuheung

hospital
rumah sakit

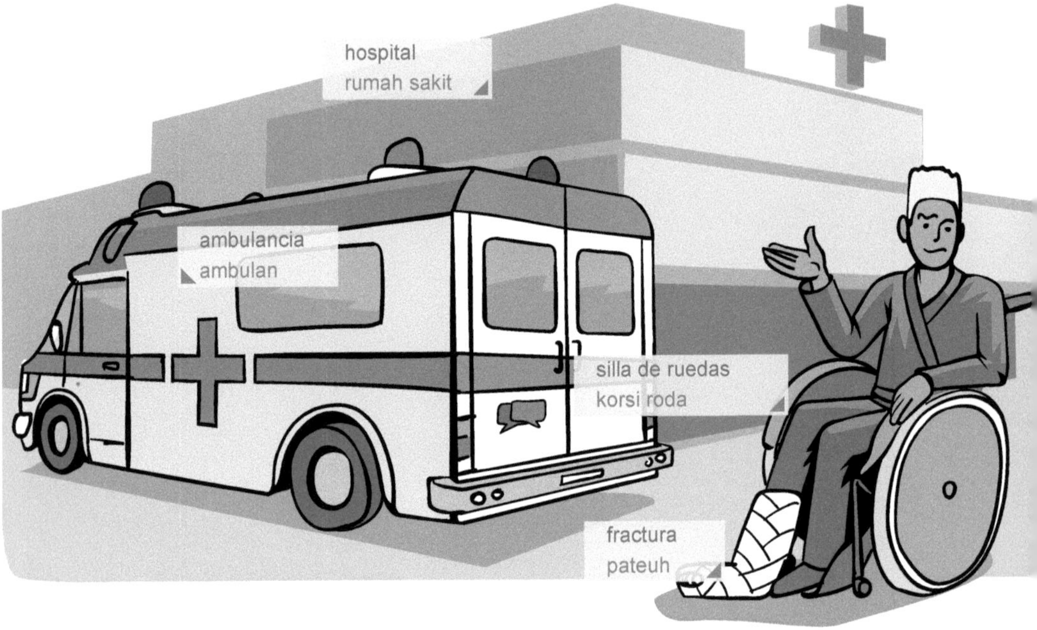

hospital
rumah sakit
ambulancia
ambulan
silla de ruedas
korsi roda
fractura
pateuh

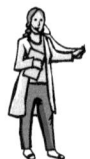

médico

dokter

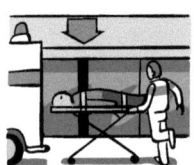

sala de urgencias

rohang darurat

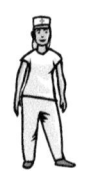

enfermera

parawat

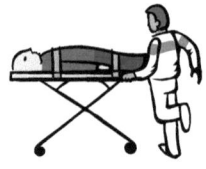

urgencia

darurat

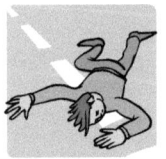

inconsciente

pingsan

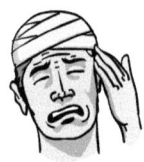

dolor

nyeri

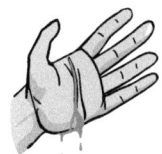

lesión

tatu

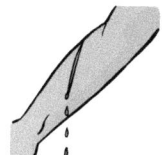

hemorragia

ngaluarkeun getih

infarto

jantungan

ictus

strok

alergia

alérgi

tos

batuk

fiebre

muriang

gripe

salésma

diarrea

birit

dolor de cabeza

rieut

cáncer

kanker

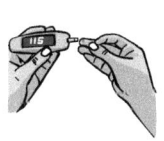

diabetes

diabétés

cirujano

ahli bedah

bisturí

péso bedah

operación

operasi

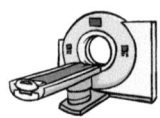
TAC
CT

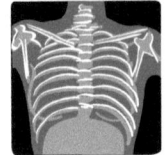
rayos x
sinar x

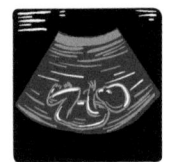
ultrasonido
usg

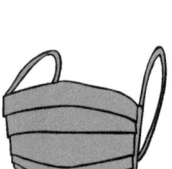
mascarilla
topéng

enfermedad
panyakit

sala de espera
rohang tunggu

muleta
pangrojong

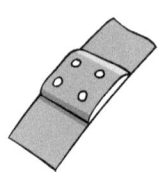
tirita
paléstér

venda
perban

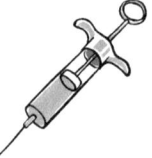
inyección
injéksi

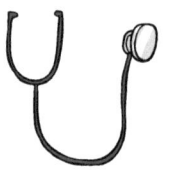
estetoscopio
stétoskop

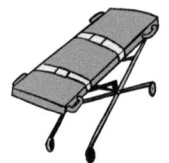
camilla
tandu

termómetro
termométer klinis

nacimiento
kalahiran

sobrepeso
obésitas

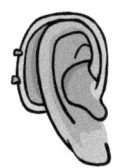

audífono

alat bantu dédéngéan

desinfectante

désinféktan

infección

inféksi

virus

virus

VIH / SIDA

HIV / AIDS

medicina

obat

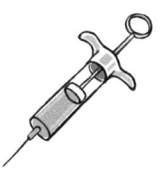

vacunación

vaksinasi

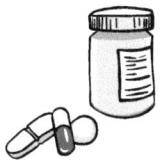

tabletas

tablét

pastilla

pil

llamada de urgencia

panggilan darurat

tensiómetro

ngukur ténsi

enfermo / sano

gering / séhat

¡Socorro!

Tulung!

alarma

alarem

asalto

gangguan

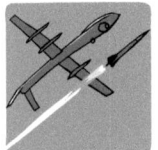

ataque

narajang

peligro

bahaya

salida de emergencia

panto darurat

¡Fuego!

Seuneu!

extintor de incendios

alat pemadam kabakaran

accidente

kacilakaan

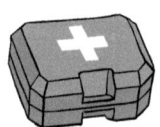

botiquín de primeros auxilios

kotak P3K

SOS

SOS

policía

pulisi

Europa

Eropa

Norteamérica

Amérika Utara

Sudamérica

Amérika Selatan

África

Afrika

Asia

Asia

Australia

Australi

Atlántico

Atlantik

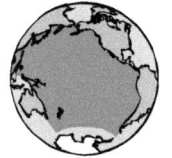

Pacífico

Pasifik

Océano Índico

Samudra Hindia

Océano Antártico

Samudra Antartika

Océano Ártico

Samudra Arktik

polo norte

Kutub Utara

polo sur

Kutub Selatan

Antártida

Antartika

tierra

Bumi

tierra

tanah

mar

laut

isla

pulau

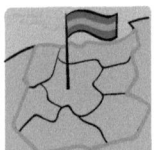

nación

bangsa

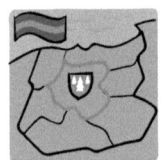

estado

nagara

esfera

jam wajah

manecilla de las horas

jarum péndék

minutero

jarum menit

segundero

jarum detik

¿Qué hora es?

Tabuh sabaraha?

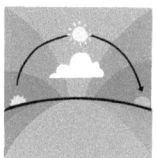

día

poé

tiempo

waktos

ahora

ayeuna

reloj digital

jam digital

minuto

menit

hora

jam

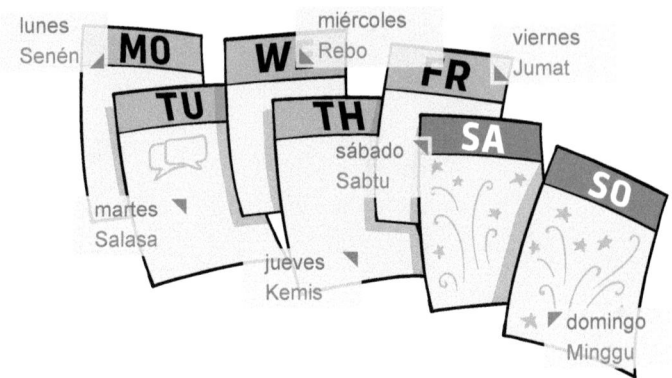

lunes
Senén
miércoles
Rebo
viernes
Jumat
martes
Salasa
sábado
Sabtu
jueves
Kemis
domingo
Minggu

ayer

kamari

hoy

dinten ayeuna

mañana

énjing

mañana

énjing-énjing / isuk-isuk

mediodía

siang

tarde

peuting

días laborables

poé gawé

fin de semana

akhir minggu

lluvia
hujan

arcoíris
katumbiri

nieve
salju

viento
angin

primavera
musim semi

otoño
musim gugur

verano
musim panas

invierno
musim dingin

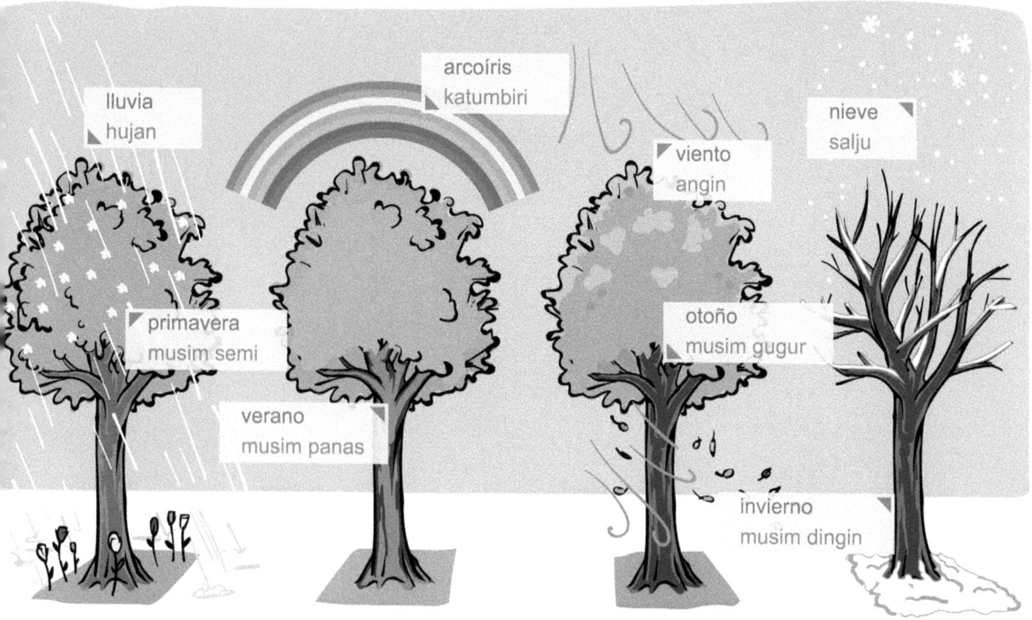

pronóstico del tiempo

ramalan cuaca

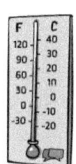

termómetro

térmométer

sol

panon poé

nube

awan

niebla

pepedut

humedad

kelembaban

rayo

gelap

trueno

guntur

tormenta

badai

granizo

hujan és

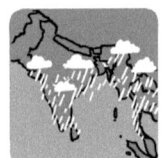

monzón

angin muson

inundación

caah

hielo

és

enero

Januari

febrero

Pébruari

marzo

Maret

abril

April

mayo

Mei

junio

Juni

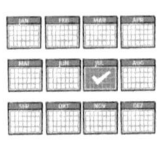

julio

Juli

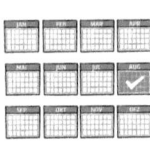

agosto

Agustus

septiembre

Séptémber

octubre

Oktober

noviembre

Nopémber

diciembre

Désémber

formas
bentuk

círculo

buleudan

cuadrado

persegi

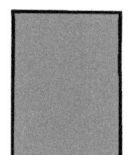

rectángulo

porsegi panjang

triángulo

segi tiga

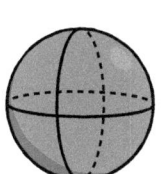

esfera

bola

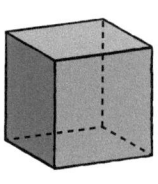

cubo

kubus

blanco

bodas

amarillo

konéng

anaranjado

oranyeu

rosa

kayas

rojo

beureum

morado

bungur

azul

bulao

verde

héjo

marrón

coklat

gris

abu-abu

negro

hideung

mucho / poco

loba / saeutik

enojado / tranquilo

ambek / kalem

bonito / feo

geulis / goreng

principio / fin

ngamimitian / réngsé

grande / pequeño

gedé / leutik

claro / oscuro

caang / poék

hermano / hermana

dulur lalaki / dulur awéwé

limpio / sucio

bersih / kotor

completo / incompleto

lcngkep / teu lengkep

día / noche

poé / peuting

muerto / vivo

paéh / hirup

ancho / estrecho

lega / heureut

comestible / no comestible

....

bisa didahar / teu bisa didahar

malo / amable

....

jahat / bageur

entusiasmado / aburrido

....

sumanget / bosen

gordo / delgado

....

badag / begang

primero / último

....

kahiji / terakhir

amigo / enemigo

....

baturan / musuh

lleno / vacío

....

pinuh / kosong

duro / blando

....

heuras / lemes

pesado / ligero

....

beurat / hampang

hambre / sed

....

kalaparan / haus

enfermo / sano

....

gering / séhat

ilegal / legal

....

ilegal / legal

inteligente / tonto

....

calakan / bodo

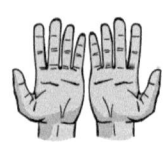

izquierda / derecha

....

kénca / katuhu

cerca / lejos

....

deukeut / jauh

nuevo / usado

anyar / urut

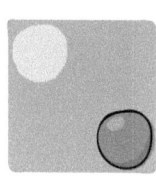

nada / algo

euweuh nanaon / aya nanaon

viejo / joven

kolot / ngora

encendido / apagado

hurung / pareum

abierto / cerrado

buka / tutup

silencioso / ruidoso

jempé / gandéng

rico / pobre

beunghar / sangsara

correcto / incorrecto

bener / salah

áspero / suave

kasar / lemes

triste / contento

sedih / gumbira

corto / largo

pendék / panjang

lento / rápido

alon / gancang

húmedo / seco

baseuh / garing

cálido / frío

haneut / tiis

guerra / paz

perang / damai

0

cero

nol

1

uno

hiji

2

dos

dua

3

tres

tilu

4

cuatro

opat

5

cinco

lima

6

seis

genep

7

siete

tujuh

8

ocho

dalapan

9

nueve

salapan

10

diez

sapuluh

11

once

sawelas

12

doce

duawelas

13

trece

tiluwelah

14

catorce

opatwelas

15

quince

limawelas

16

dieciséis

genepwelas

17

diecisiete

tujuhwelas

18

dieciocho

dalapanwelas

19

diecinueve

salapanwelas

20

veinte

duapuluh

100

cien

saratus

1.000

mil

sarébu

1.000.000

millón

sajuta

inglés

Inggris

inglés americano

basa Inggris Amerika

chino mandarín

basa Cina Mandarin

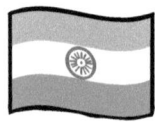

hindi

basa Hindi

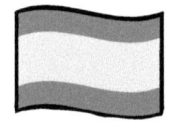

español

basa Spanyol

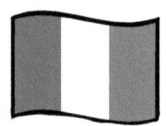

francés

basa Perancis

árabe

basa Arab

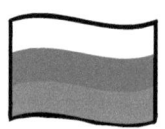

ruso

basa Rusia

portugués

basa Portugis

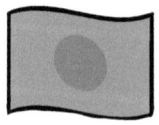

bengalí

basa Bengal

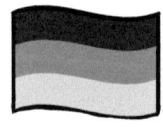

alemán

basa Jerman

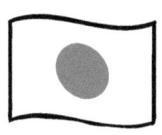

japonés

basa Jepang

yo

urang

tú

manéh

él / ella / ello

anjeunna / manéhna

nosotros/as

arurang

vosotros/as

maranéh

ellos/as

aranjeunna / maranéhna

¿quién?

saha?

¿qué?

naon?

¿cómo?

kumaha?

¿dónde?

di mana?

¿cuándo?

iraha?

nombre

wasta / ngaran

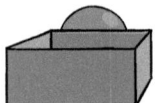

detrás

di tukang

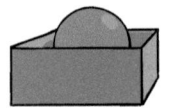

en

di

delante de

di hareup

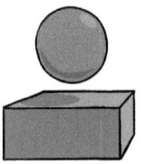

por encima de

di luhureun

sobre

di luhur

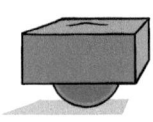

debajo de

di handapeun

junto a

di gigir

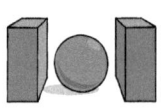

entre

antawis

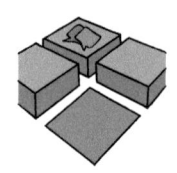

lugar

tempat